L'heure des histoires

L'heure des histoires

C'est le moment où, tandis que l'un regarde les images et l'autre lit le texte, une relation s'enrichit, une personnalité se construit, naturellement, durablement.

Pourquoi ? Parce que la lecture partagée est une expérience irremplaçable, un vrai point de rencontre. Parce qu'elle développe chez nos enfants la capacité à être attentif, à écouter, à regarder, à s'exprimer. Elle élargit leur horizon et accroît leur chance de devenir de bons lecteurs.

Quand ? Tous les jours, le soir, avant de s'endormir, mais aussi à l'heure de la sieste, pendant les voyages, trajets, attentes... La lecture partagée permet de retrouver calme et bonne humeur.

Où ? Là où l'on se sent bien, confortablement installé, écrans éteints... Dans un espace affectif de confiance et en s'assurant, bien sûr, que l'enfant voit parfaitement les illustrations.

Comment ? Avec enthousiasme, sans réticence à lire « encore une fois » un livre favori, en suscitant l'attention de l'enfant par le respect du rythme, des temps forts, de l'intonation.

Sous la direction de Colline Faure-Poirée
ISBN : 978-2-07-510558-3

Numéro d'édition : 335295
Loi no 49-956 sur les publications destinées à la jeunesse
Dépôt légal : septembre 2018
Imprimé en France par Estimprim
Maquette intérieure : Karine Benoit

Alex Sanders

Le Piratosaure

GALLIMARD JEUNESSE

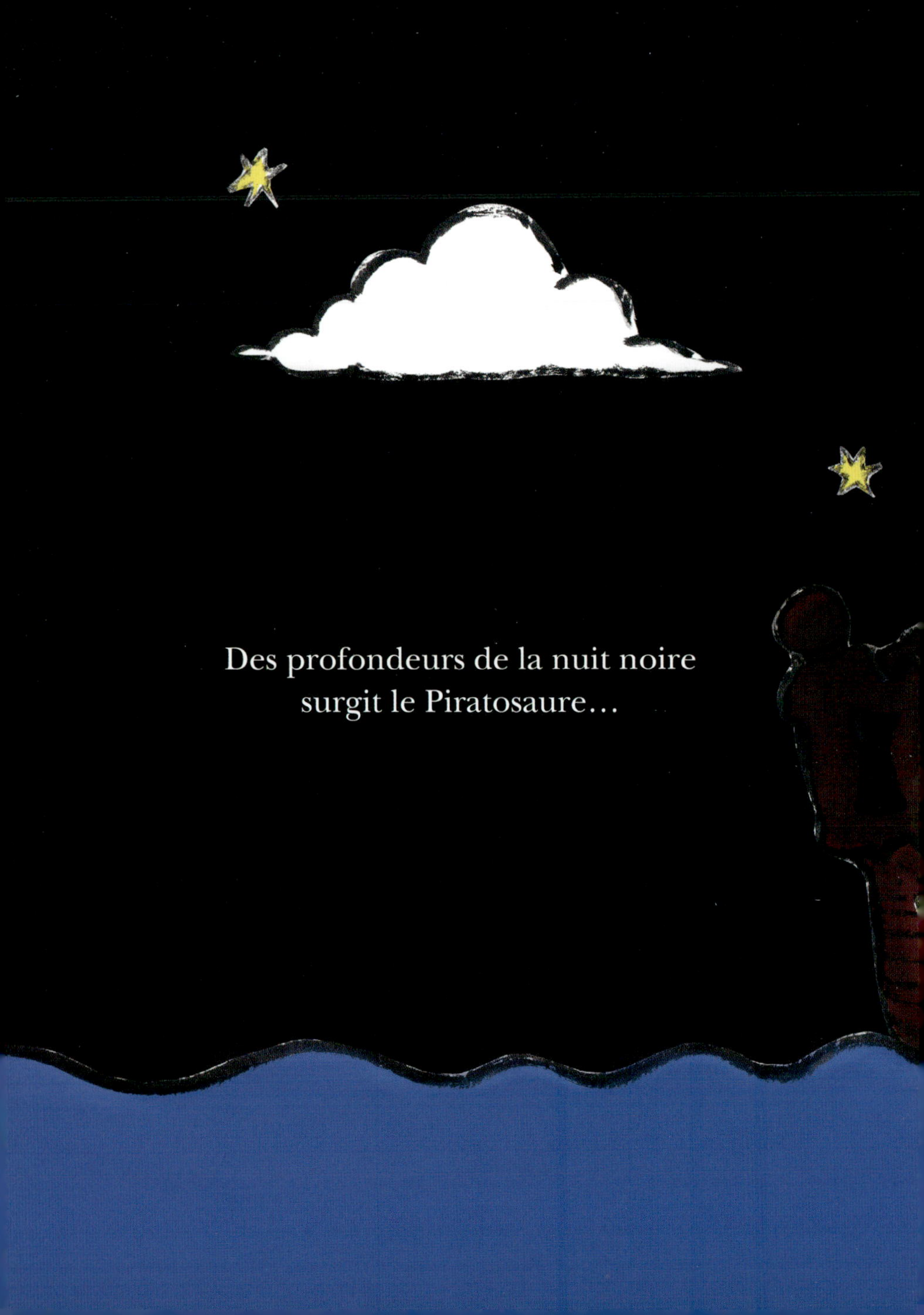

Des profondeurs de la nuit noire
surgit le Piratosaure…

Il attaque les riches navires qui transportent des trésors, et les pille ! Les capitaines et les équipages, il n'en fait qu'une bouchée… Il sème la terreur !

Les rivières de diamants, les bijoux,
les bagues, les pièces d'or, il les dévore !
Il adore l'or et les pierres précieuses,
le Piratosaure !

Un beau jour, il aperçoit à l'horizon le plus splendide des galions, celui de la reine d'Angleterre : le *Queen of England*, toutes voiles dehors ! Sa Majesté revient justement d'un magnifique voyage, dont elle rapporte quelques coffres bien remplis.

– De l'or royal ! Miam ! Miam ! GrrRRaAAR ! rugit le Piratosaure.

Mais, pas de chance,
l'admirable amiral Victor est à bord !
Il escorte la reine et son trésor !
Il aperçoit le drapeau noir
venir droit sur son navire, et ordonne :
– CANONNIERS, À VOS POSTES !
BATEAU PIRATE À TRIBORD !
Puis il tend à Sa Majesté deux petites boules
de ouate pour protéger ses royales oreilles.

Queen of England

BOUM !

tonne le canon du *Queen of England.*

– Touché ! se félicite l'amiral Victor, en plein dans le mille ! Votre Altesse, voilà un pirate en marmelade d'oranges, si vous me permettez la comparaison. Hu, hu, hu !

Mais, après avoir soigné ses blessures,
le Piratosaure, plus féroce que jamais,
repart à l'attaque, avec sa jambe de bois,
son cache-œil et son crochet de fer !
Il est fou de rage : il grogne, il hurle !

– À L'AAABOORRRDAAAGGE !!!
– FEU À VOLONTÉ !
commande l'amiral Victor.
BOUM ! BOUM ! BOUM ! BOUM !
Le bateau du Piratosaure explose
en mille morceaux !
– Coulé ! se félicite l'amiral Victor,
pensant avoir gagné la bataille.

Queen of England

Mais l'horrible créature a plongé sous la coque
du *Queen of England* pour le sabrer et il coule
à son tour ! Panique à bord ! L'amiral emmène
la reine et tous ses trésors dans la chaloupe
de secours ; les marins souquent ferme jusqu'à l'île
la plus proche pour y trouver refuge. Vite ! Vite !
Vite ! Car le Piratosaure les poursuit à la nage !

Le voilà sur la plage ! À la vue
des richesses de la reine, il se déchaîne !
– GROOAARRRRGGGGRRR !!!
– Pour notre salut, cessez ce combat,
amiral Victor, donnez-lui tous mes trésors !
s’exclame-t-elle tout à coup.

L'admirable amiral s'exécute
à contrecœur et aussitôt le Piratosaure
se jette voracement sur les coffres !

Il croque des milliers de pièces
d'or, des colliers de diamants,
des émeraudes, des rubis, des parures
de saphirs, enfin il se régale !
Alors qu'il s'apprête à grignoter les boucles
d'oreilles préférées de la reine…
– *Oh, my Goodness !* C'est horrible !
s'écrie-t-elle, tout à fait choquée.

L'amiral Victor ne peut tolérer cet outrage. Il prend aussitôt une poignée de sable, la jette dans l'œil unique du Piratosaure, et l'aveugle !

– Vite, enchaînez-le ! triomphe l'amiral.

Plongé dans la nuit noire,
le monstre est fait prisonnier.

Les marins souquent de toutes leurs forces
pour ramener jusqu'en Angleterre,
l'amiral Victor, la reine, ce qui reste
de ses trésors, et l'extraordinaire créature.

La nouvelle se répand comme une traînée de poudre dans tout le royaume d'Angleterre, et chacun veut voir le Piratosaure ! Clémente, la reine décide de lui laisser la vie sauve, et de le nourrir de son or pour le bon plaisir de son peuple et de ses distingués visiteurs. Ce royal menu a pour conséquence un adoucissement notable de son caractère.

Piratosaurus Rex

Il devient gentil comme tout !
L'amiral Victor lui apprend
les belles manières de la cour…

et, très vite, il se métamorphose en véritable gentleman ! La reine demande alors à son cher amiral s'il ne voit pas d'inconvénient à ce qu'elle l'invite dans son palais pour prendre le thé : il est si célèbre ! Elle lui fait ainsi goûter ses petits sablés préférés, d'excellents *shortbread cookies*, bien croquants, bien dorés. Très poliment, le Piratosaure s'exclame :

– Mmmm… Trop bon ! *Absolutely delicious !*

Mais, la nuit venue…

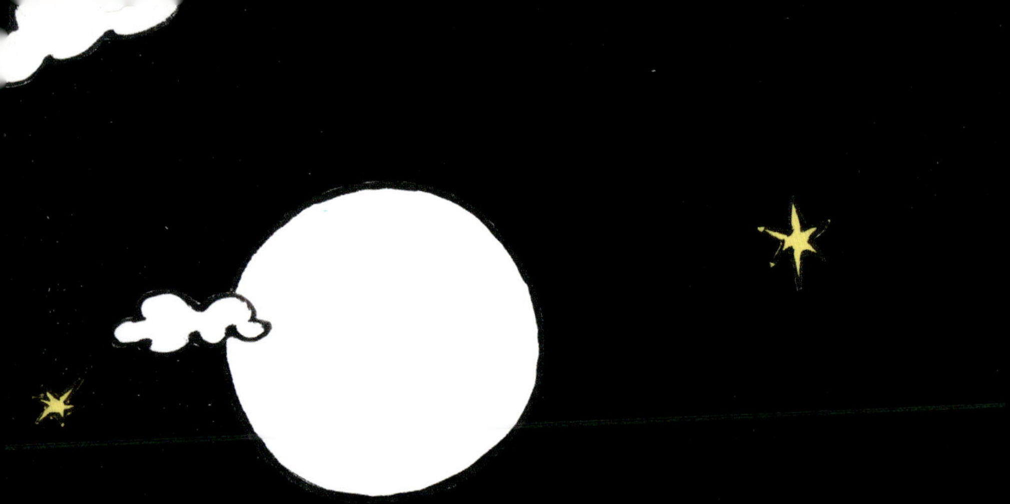

Il file à l'anglaise ! Il n'emporte pas
les trésors de la reine d'Angleterre,
il chaparde seulement son livre de recettes
et dévalise sa réserve de cookies !
– *Oh, my Goodness ! So delicious !*
savoure le Piratosaure.
Et, à grands coups de rames, il retourne
se cacher dans les profondeurs
de la nuit noire…

SHORTBREAD COOKIES
Royal Cookies
1000 SHORTBREAD COOKIES RECIPES

L'heure des histoires

Des petits albums
à partager,
de grands moments
à lire ensemble

n° 1 *Le vilain gredin*
par Jeanne Willis
et Tony Ross

n° 4 *La première fois que je suis née* par Vincent Cuvellier et Charles Dutertre

n° 14 *Clown*
par Quentin Blake

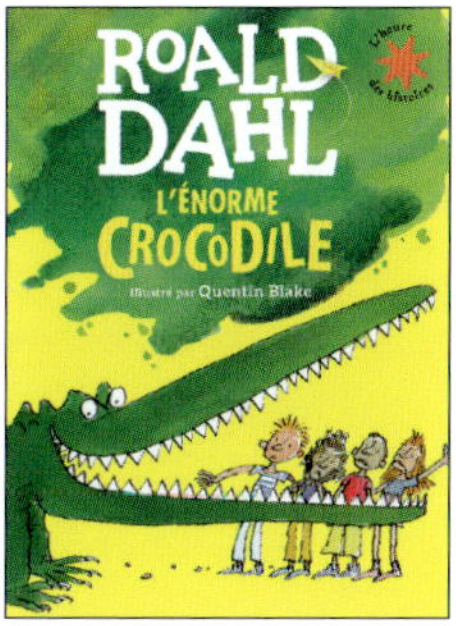

n° 18 *L'énorme crocodile*
par Roald Dahl
et Quentin Blake

n° 19 *La belle lisse poire du prince de Motordu*
par Pef

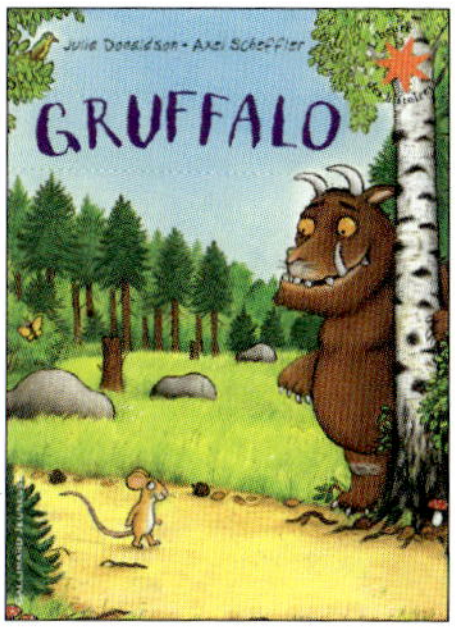

n° 22 *Gruffalo*
par Julia Donaldson
et Axel Scheffler

n° 25 *Pierre Lapin*
par Beatrix Potter

n° 135 *N'aie pas peur !*
par Jeanne Willis
et Tony Ross

Plus de 140 titres à découvrir dans la collection

n° 136 *Le rat scélérat*
par Julia Donaldson
et Axel Scheffler

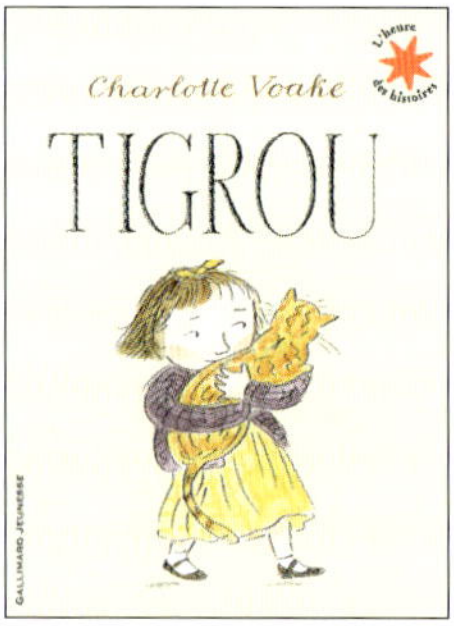

n° 137 *Tigrou*
par Charlotte Voake

n° 138 *Le voyage d'Agathe
et son gros sac*
par Magali Le Huche

n° 139 *Mercredi à la librairie*
par Sylvie Neeman
et Olivier Tallec

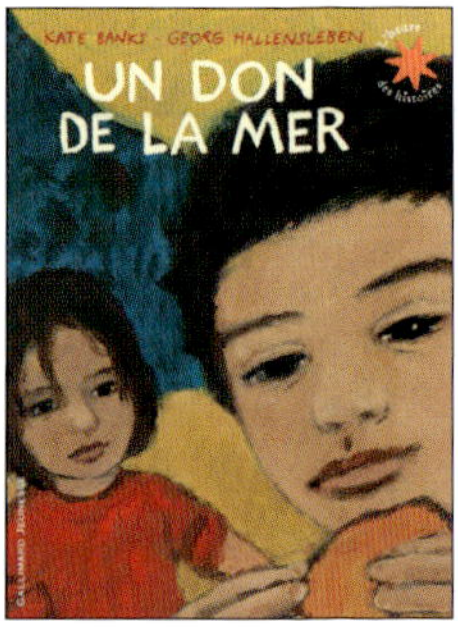

n° 140 *Un don de la mer*
par Kate Banks
et Georg Hallensleben

n° 141 *Le lion des hautes herbes*
par Ruth et Ken Brown

n° 142 *Zébulon le dragon
et les médecins volants*
par Julia Donaldson
et Axel Scheffler

n° 143 *Pile-poil pour deux*
par Tracey Corderoy
et Rosalind Beardshaw

Vous aimerez aussi,
en album grand format :

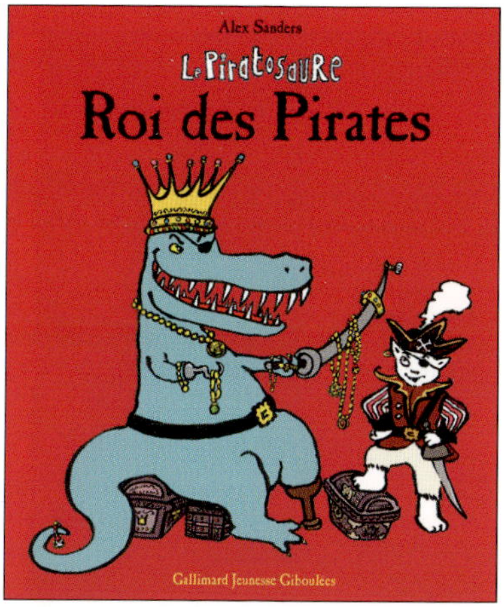